AF500184

# ESSAI
SUR
# L'HISTOIRE
ET LES ANTIQUITÉS
DE LA VILLE
# DE DOMFRONT,

PRÉCÉDÉ D'UNE ESQUISSE HISTORIQUE SUR LE PASSAIS.

A MAYENNE,
Chez ROULLOIS, Imprimeur-Libraire,
Grande-Rue.

Souvenez-vous, Lecteur indulgent, qu'un essai n'est pas un chef-d'œuvre.

» Qu'il n'y a livres si parfaits,
» Où vous ne trouviez à reprendre:
» Qu'il n'en est point de si mal faits,
» En qui vous ne puissiez apprendre».

DORCHÈSE.

# INTRODUCTION.

Le Passais n'était qu'une vaste forêt; aucun historien de l'âge romain n'en a fait mention.

Les habitans du Passais se convertirent au Christianisme dans le sixième siècle, par les prédications de Saint-Front, Saint-Auvieu, Saint-Bômer, Saint-Ernier, S.-Fraimbault et quelques-autres missionnaires, dont le zèle et les vertus apostoliques firent adorer leur morale simple et sublime, et recevoir leurs dogmes.

Les premiers défrîchemens de la forêt du Passais, dûrent commencer dans la partie où se trouve le bourg de Passais, autrement de la Conception en Passais, qui semble en avoir été le chef-lieu; mais depuis que Guillaume de Bellême eut fait bâtir le château de Domfront, cette place est devenue la capitale du Passais, dont la majeure partie a été long-tems couverte de bois.

En 1477, Louis XI fonda l'église de Passais, et lui aumôna 300 acres de terres et bois de la forêt de Passais. Au mois de février 1485, René, duc d'Alençon, donna en fief à Guyon Essirard, sieur de la Pallu, en Saint-Front, 200 acres de bois et terres dans la forêt de Passais, et 320 acres dans la forêt d'Andaine.

On a vu, dans la paroisse de la Haute-Chapelle, dans le bois de la Saucerie, vendu par M. Doisnel en 1780, de vieux chênes, que l'on disait être de l'ancienne forêt du Passais; il y en a encore un au village de la Goulande, qui est creux, dans lequel six personnes sont à table très-commodément; il a 42 pieds de tour.

Le pays du Passais se divisait en Passais Normand et Passais Manceau. Nous ne parlerons que du premier, qui est celui que nous habitons, il avait pour limites la province du Maine, les diocèses d'Avranches, Bayeux et Séez.

Les évêques du Mans formèrent un archi-diaconné qui portait le nom du Passais, il était divisé en six doyennés, dont quelques uns, pour le civil, dépendaient de la province de Normandie.

Passais était un siège des Plaids de la vicomté de Domfront, qui fut érigé en vicomté en 1636, et réuni au bailliage de Domfront en 1749.

Aujourd'hui Passais est un chef-lieu de canton.

---

# ESSAI
## SUR
# L'HISTOIRE
## ET LES ANTIQUITÉS
## DE LA VILLE
# DE DOMFRONT.

DOMFRONT, capitale du Passais, est une ancienne ville de Normandie, aux confins du Maine et de la Bretagne, bâtie sur un rocher escarpé, coupé au couchant par une large et profonde ouverture, au travers de laquelle passe la rivière de Varenne.

Le nom de Domfront vient de deux

mots celtiques, *don*, habitation; *front*, hauteur élevation; ou suivant la tradition, cette ville tire son origine et son nom du solitaire Front, qui, vers l'an 540, vint apporter l'évangile aux habitants du Passais, et fixa sa retraite sur ce rocher. Ceux qu'il convertit y bâtirent d'abord quelques chaumières, et commencèrent à défrîcher les bois dont le sol était couvert. Ainsi prit naissance la ville de Domfront.

Richard premier, troisième duc de Normandie, donna à Yves de Creil, Comte de Bellême, Domfront et une partie du Passais, à charge de veiller à la conservation de la Normandie de ce côté-là, et de défendre cette frontière contre les Manceaux et les Bretons. pour mettre les habitans de Domfront à couvert des incursions des peuples voisins, Guillaume de Bellême, son fils, fit entourer ce rocher de gros murs, flanqués de distance en distance par des tours couronnées de parapets. Il fit construire un fort château et un donjon à l'occident de la ville, avec de profonds fossés, taillés dans le roc, et la majeure partie de tous les fameux ouvrages dont il reste encore des vestiges assez considérables pour en avoir l'idée.

Il accorda aux habitans qui venaient s'établir autour de son nouveau château, plusieurs priviléges, entr'autres, celui de bourgeoisie: il leur distribua des terreins défrichés, pour les tenir en fief, et les assujettit à la garde de son château, en temps de guerre; il accorda à ses principaux vassaux, appelés Francs, de grands priviléges, dans les forêts des environs, et les obligea à voiturer le bois mairrein du pont-levis du château.

Suivant un procès-verbal de l'état des fortifications, dressé en 1562, cette ville était ceinte de vingt-quatre tours: on y entrait par quatre portes couvertes de bastions; dans l'intérieur on voyait des souterrains d'une grande beauté, et plusieurs belles cîternes, qui pouvaient tenir quatre mille tonneaux d'eau.

Chacune de ces fortifications, contenait des logemens, qui servaient de casernes aux troupes de la garnison ; à renfermer les prisonniers de guerre ; à former des magasins, etc. Elles étaient défendues en temps de guerre, ainsi que chaque porte du château, par quelques seigneurs de la Châtellenie.... Celui de Monchauveau devait, avec quatre de ses vassaux, garder le roi pendant quarante jours dans la tour dite de Monchauveau à ses coûts et dépens... Celui de la Nocherie devait, avec ses hommes, quarante jours de garde dans la tour de la poterne (1). Celui de Sept-

(1) Par brevet du 15 avril 1745, Louis XV, accorda aux habitans la permission de démolir, à leurs frais, la porte de la Poterne et la tour qui était auprès, et d'en employer les matériaux à la construction de l'église Saint-Julien.

Forges, quarante jours de service dans la tour dite du Boulay. Larchamp devait soixante jours de garde avec ses vassaux, à leur propres coûts et dépens, à la porte de Normandie, en cas de guerre entre les Normands et les Manceaux, etc. etc.

Guillaume premier, comte de Bellême, fit bâtir des églises, et fonda le priuré de Notre-Dame-sur-l'Eau, vers l'an 1026, il fonda l'abbaye de Lonlay, à une lieue et demie de Domfront, la dota de biens considérables dans les environs d'Alençon et de Domfront; lui donna les églises de Domfront, de Notre-Dame-sur-l'Eau et Saint-Symphorien, dans l'intérieur du château, dont les moines formèrent un prieuré, à raison duquel ils percevaient les dîmes du château.

La chartre de cette fondation, faite à Domfront, en présence d'Avesgaud, évêque du Mans, est souscrite de plusieurs seigneurs, parmi lesquels, outre le fondateur, son épouse, ses trois fils,

Foulque, Warin et Guillaume, on trouve Sigeffroi, évêque de Séez, Achard, (1) gouverneur de Domfront, et un seigneur du nom de Domfront (2).

Guillaume de Bellême faisait ordinairement sa résidence dans son château de Domfront; il y mourut vers l'an 1030 ou 1031, et fut enterré dans l'église Notre-Dame-sur-l'Eau, qu'il avait fait bâtir; on y voit son tombeau

(1) Achard signa aussi la chartre du rétablissement du service divin à Saint-Antoine de Domfront, en 1028.

(2) Il a existé une famille de seigneurs, qui portaient le nom de la ville; ceux qui la possédaient avant la donation de Richard premier à Yves de Bellême nous sont inconnus. Hervé de Domfront, fut à la conquête d'Angleterre en 1066. Gervais assista à la cour féodale de Robert de Bellême, en 1086. Henry Guerrier, renommé au douzième siècle. Robert, grand doyen du Mans, en 1258, etc. etc.

élevé en tuf, qui, anciennement dans le cœur, est actuellement dans la chapelle dite de Sainte-Anne.

A cette époque Domfront était déjà une place considérable, il y avait une baillie.

Guillaume II de Bellême dit Talvas, le Néron de son siècle, profitant de la jeunesse de Geoffroi premier, comte de Mortagne, son neveu, lui enleva Domfront et ses dépendances.

En 1048, Geoffroi-Martel, comte d'Anjou, assiégea Domfront, et s'en rendit maître; il mit une forte garnison de ses meilleures troupes dans la place, et se saisit de tout le Passais,

Guillaume le conquérant, résolu de reprendre ce que Martel lui avait enlevé, assigna le rendez-vous de ses troupes à Falaise (1), et, à la tête d'un

---

(1) Guillaume, par sa lettre datée de Falaise, le 3 janvier 1049, enjoignit à Yvain de la Ferrière de lui mener de Domfront les deux cents hommes d'armes qu'il devait lui fournir.

détachement, alla reconnaître Domfront. Il fit élever quatre forts devant cette place pour en fermer toutes les issues, marcha sur Alençon qu'il prit d'assaut, ensuite s'achemina vers Domfront qu'il prit par ruse, et exécuta sans peine une entreprise qui paraissait très-périlleuse. Guillaume de Bellême rentra en possession de Domfront, (malgré les prétentions de Geoffroi, comte de Mortagne); il maria sa fille Mabille, à Roger II de Montgomeri, chez lequel il passa le reste de ses jours, exécré de tous ceux qui l'avaient connu.

Hervé de Domfont, Mathieu de la Ferté-Mâcé, et Richard d'Ambrières, (1) conduisirent quatre-vingts hommes de service, du Passais, à la conquête d'Angleterre en 1066. Robert de Neuville, Josselin et Henry de la Ferrière,

---

(1) Ambrières dépendait alors de Domfront.

le Vidame du Passais et Achard de Domfront, accompagnèrent le duc Guillaume dans cette expédition.

En 1089, Rotrou, fils de Geoffroi premier, comte de Mortagne, voulut reprendre Domfront; mais il fut obligé de lever le siége.

En 1091, les habitans de Domfront, las du gouvernement de Robert de Mongomeri, surnommé de Bellême, chassèrent ses garnisons, et députèrent Achard, leur châtelain, vers Henry, jeune fils du conquérant, *pour le convier de venir prendre possession de Domfront, qu'ils promettaient lui livrer, et lui bailler argent et armes.* Ce prince accepta leur offre, s'engagea de garder Domfront autant qu'il vivrait, et de ne s'en défaire en faveur de personne. Il se mit une emplâtre sur l'œil, pour n'être pas reconnu sur la route, et se rendit aussitôt à Domfront, où il fut très-bien accueilli, et dont il donna la garde à Achard.

Dès que Henry fut maître de Domfront, il en augmenta les fortifications, en fit sa place d'armes, et y résidait souvent ; il commença bientôt à faire la guerre à Robert, duc de Normandie, son frère, et commit les plus grands excès dans le Passais, pillant et brûlant tout ce qu'il rencontrait.

Robert assembla le plus de troupes qu'il lui fut possible, marcha vers le Passais qu'il parcourut, et à la sollicitation de Bellême, assiégea le château de Domfront : Henry le força de se retirer, et s'empara de son bagage.

Après la mort de Guillaume le Roux en 1100, Henry passa en Angleterre, et s'empara du trône ; pour dédomager Robert de cette usurpation, il s'engagea à lui payer trois mille marcs d'argent de pension annuelle, et lui céda toutes les places qu'il possédait en Normandie, excepté Domfront qu'il s'était engagé, par serment, de garder toute sa vie, ainsi qu'à en maintenir les coutumes et usages.

L'ambitieux Henry, non content

d'avoir volé la couronne d'Angleterre et la ville de Domfront à son frère, employa tous les moyens possibles pour lui enlever la Normandie. Il le fit prisonnier le 27 septembre 1106, à la bataille de Tinchebray, et le priva de la vue et de la liberté : cette action barbare le rendit possesseur de cette province jusqu'à sa mort, arrivée en 1135.

Geoffroi-le-Bel, comte d'Anjou, avait épousé en 1129, Mathilde, fille et unique héritière de Henry; ils étaient dans leur comté d'Anjou, lorsqu'ils apprirent qu'Étienne, comte de Mortain, leur cousin, s'était fait couronner roi d'Angleterre, et s'emparait de la Normandie : ils mirent des troupes sur pied pour l'en chasser, et prirent d'abord Domfront, après plusieurs assauts, en 1136 [1].

(1) En reconnaissance des services que lui avait rendus Juhel II, de Mayenne, à la prise de Domfront, Mathilde lui donna la terre de Villaines, appelée depuis ce temps Villaines-la-Juhel.

Geoffroi ne put monter sur le trône d'Angleterre, mais, après sept années de guerre, la Normandie lui resta : Mathilde y passa et se retira à Domfront où elle fit souvent depuis sa résidence.

Henri II, roi d'Angleterre, chérit aussi cette ville, et y tint plusieurs cours plénières. Il avait assigné la dot d'Eléonore de Guyenne, son épouse, en partie sur Domfront ; cette princesse y accoucha, le 13 octobre 1162, d'une fille, qui y reçut le baptême par Henri de Piles, légat du Saint-Siège, et le nom d'Eléonore, par Achard, évêque d'Avranches, et Robert, abbé du Mont-Saint-Michel.

En 1166, Henri fut attaqué d'une fièvre violente à Domfront ; pendant sa maladie, il fit son testament et régla le partage de ses états entre ses fils.

Le 24 août 1169, les légats du Pape eurent, à Domfront, une conférence avec Henri II : ils y étaient venus pour le réconcilier avec Thomas Beket, archevêque de Cantorbéry ; mais, trop audacieux, ils n'y réussirent pas.

Richard-Cœur-de-Lion, roi d'Angleterre et duc de Normandie, passa quelques jours dans cette ville au commencement de l'année 1199 : Eléonore de Guyenne, sa mère, avait consenti qu'il assignât la terre de Domfront, pour partie du douaire de Berengère, son épouse.

Jean-Sans-Terre vola les couronnes d'Angleterre et de Normandie à son neveu Artus, duc de Bretagne, et l'assassina à Rouen en 1202 ; il avait également assigné la terre de Domfront pour partie du douaire d'Isabelle, son épouse.

Philippe-Auguste, indigné de ce crime, fit confisquer et réunir à la couronne, toutes les terres que Jean possédait en France : il exécuta cet arrêt les armes à la main, et fit assiéger Domfront par Rainaud, comte de Boulogne, et le célèbre capitaine Guillaume des Barres.

Gautier de la Ferrière y commandait pour Jean-Sans-Terre, et défendit le château; Philippe-Auguste, par sa lettre datée du camp sous Domfront, l'an 1203, l'invita de le lui rendre, s'obligeant de le prendre et tous ses biens sous sa protection, envers et contre tous.

Philippe-Auguste traita avec Berengère de Domfront, qu'il donna en 1204 à Rainaud, comte de Boulogne, qui, s'étant ligué contre son bienfaiteur, mérita d'en être dépouillé: En 1211, Philippe-Auguste assiégea Domfront (1) le prit et le donna, avec ses dépendances, en appanage à son second fils, Philippe-le-Rude, qui le fit fortifier en 1228.

Robert, comte d'Artois, seigneur de

---

[1] Philippe-Auguste donna à Juhel III, de Mayenne, la terre et vivier de *Gaagnabilem*, ainsi nommés dans l'acte de donation, daté de Domfront, l'an 1211.

Domfront, faussaire banni du royaume en 1331, errant et fugitif, revint en 1341 ravager sa patrie, et prit Domfront.

En 1343, le roi Philippe de Valois, transporta la seigneurie de Domfront et le Passais Normand, à son neveu, Philippe d'Alençon.

En 1356, Philippe de Navarre, à la tête d'un corps considérable de troupes, attaqua Domfront, et s'en rendit maître pour le compte des anglais, à qui il en confia la garde. Cette ville fut rendue à la France en 1360.

Union de la vicomté de Domfront au comté d'Alençon en 1367.

Après l'assassinat du duc d'Orléans, commis par le duc de Bourgogne en 1407, la France fut en proie aux factions.

En 1412, le duc de Bourgogne fit assiéger Domfront, dont Jean premier, comte d'Alençon, l'un des chefs du parti d'Orléans, était maître; après quelques assauts, la ville se rendit; mais le château qui était bien fortifié et bien approvisionné se défendit longtemps. Le connétable de Saint-Paul vint au secours des assiégeants, avec un gros corps de troupes; il redoubla les attaques, et ne put le réduire.

Erection du comté d'Alençon en duché, en 1414.

Henri V, roi d'Angleterre, résolu de profiter des divisions du royaume, s'empara de la Normandie et fit assiéger Domfront, par Henri Philizen, son grand chambellan, au mois de novembre 1417. Le lieutenant, Clément Bigot, qui y commandait pour le jeune duc d'Alençon, Jean II, se défendit si bien, que Henri fut obligé d'y envoyer le général Warwick, avec de nouvelles troupes. Les Domfrontais se voyant en état de défense, se firent battre dans les formes, et ne capitulèrent que le 12 juillet 1418.

Pendant ce siége, les Anglais brûlèrent l'abbaye de Loulay, ce qui n'empêcha pas les moines d'embrasser leur parti, ils desservirent les paroisses dont les curés n'avaient pas voulu se soumettre à l'usurpateur. Henri VI leur accorda le onze avril 1430, une chartre de donation du patronage et des dîmes des paroisses, dont les curés étaient restés fidèles à leur prince.

En 1450, Charles de Culant, le sire de Blainville, et Jean Bureau, assiégèrent la ville et château de Domfront : huit cens anglais, qui défendaient la place, demandèrent à capituler, après quinze jours de siége, et obtinrent la liberté de se retirer en Angleterre, avec armes et bagages.

Charles VII ayant ainsi recouvré Domfront, y mit une bonne garnison et fit expédier aux habitans des lettres d'abolition de ce qu'ils pouvaient avoir fait contre son service pendant l'usurpation des anglais.

Jean II, duc d'Alençon, convaincu de conspiration, fut condamné à mort le 10 octobre 1458 : ses biens furent confisqués et réunis à la couronne : l'exécution du jugement fut différée au bon plaisir du roi. ( Il avait été trahi lui-même par son aumônier, Thomas Gilet, de Domfront ). Louis XI, en 1461, le rétablit dans ses possessions. Le bienfait du monarque, ne l'empêcha pas d'entretenir des correspondances avec les ennemis de l'état; il fut de nouveau condamné à mort, le dix-huit juillet 1474 : ce jugement ne fut pas exécuté, *eu égard à sa maladie et vieillesse.*

René, duc d'Alençon, fit revivre des rentes montant à treize mille boisseaux de froment et six mille cinq cents chapons, pour raison de défrichemens faits dans cette vicomté sous ses prédécesseurs. Par arrangement avec M. Achard, il transféra à Domfront la foire du onze septembre, dite *angevine*, qui se tenait au haut de l'avenue du château du Pas de la Vente, en Passais.

En 1487, Charles VIII passa par Domfront, en allant au Mont-Saint-Michel en pélerinage.

En

En 1516 et 1542, la peste ravagea la ville de Domfront.

Catherine de Médicis, veuve de Henri II, jouit du domaine de Domfront, depuis 1559, jusqu'en 1566, époque à laquelle Charles IX le donna, du consentement de cette princesse, à François de Valois, son frère. C'est sous cette femme méchante, que commencèrent les troubles du calvinisme; un grand nombre de seigneurs du canton de Domfront se déclarèrent pour ce parti, ce qui occasionna de grands malheurs aux habitans.

En 1562 les protestants du pays commencèrent à remuer; ils brûlèrent l'église Notre-Dame, et fondirent les cloches.

Les catholiques chargèrent Pitard de Bois-Pitard, jeune chevalier qui arrivait de l'armée, de la garde et conservation de la ville et du château; ils se cotisèrent pour lui entretenir trois ou quatre cents soldats: par ses soins la ville demeura toujours sous l'obéissance du roi.

Le capitaine Montholon, à la tête de cent vingt cavaliers et quelque infanterie, tenta de surprendre la place le mercredi des cendres; mais il fut forcé de se retirer avec perte.

Montgomeri, se retirant dans ses terres, passa par Domfront, où il fut très-bien accueilli, et malgré la paix, il fit abattre, en sa présence, et briser toutes les images et le crucifix même.

Le comte de Matignon, lieutenant pour le roi en Basse-Normandie, chargea François des Chapelles, capitaine de Domfront, et Pierre Coupel son lieutenant, de veiller avec douze hommes de guerre et les habitans, à la garde et conservation du château. Cette petite garnison croyait n'avoir rien à craindre des protestans de Domfront, qui paraissaient tranquilles, lorsque la nuit du 27 septembre 1568, Poli de Bretagne la surprit : Elle fut si effrayée, qu'à la première sommation, elle évacua le château ; Poli, avec sa petite troupe, qui n'était pas de plus de cent cinquante hommes, pilla et ravagea tout, mit le feu à l'église Notre-Dame, dont le clocher fut brûlé jusqu'à la platte-forme ; les images furent renversées, et les vases sacrés volés.

En 1570, Charles IX, sa mère et le duc d'Alençon passèrent à Domfront, d'où ils se rendirent à Argentan.

La tranquilité dont jouissait alors Domfront, depuis plusieurs années, fut troublée : Ambroise le Hericé dit le Balafré, et René le Hericé dit Pissot [1] profitèrent de l'obscurité de la nuit du 26 février 1574, et s'emparèrent du château. François Pitard fit barricader les portes, à l'exception de la porte

---

[1] Le Héricé, dit Pissot, ravagea le pays à sept lieues à la ronde, ruina et incendia les églises de Dompierre, Chantrigné, le Bourg et l'église de Ceaulcé : le dernier jour de mars 1574, il pilla et incendia l'abbaye de Lonlay.

neuve dont on avait rempli la serrure de pierres, et à l'instant qu'il se disposait à escalader le château, les femmes qui gardaient la muraille et veillaient sur la campagne, donnèrent l'alarme, et coururent annoncer qu'on appercevait un gros corps de cavalerie, qui, en très-peu de temps, pénétra dans la ville, criant, *en galopant par les rues, et tirant force pistolades.* Cette troupe s'empara de la ville et du château, elle était commandée par la Touche le jeune et du Touchet, à qui tous les historiens font honneur de la prise de Domfront; ils firent enlever ce qui était dans la ville et aux environs, afin de munir le château de tout ce qui était nécessaire pour le mettre en état de défense; ils brûlèrent les faubourgs. Ambroise le Hericé, dit le Balafré, était à leur tête, et prenait le titre de chef, capitaine et gouverneur; il se disait roi et maître de Domfront; il contraignit le pays de lui obéir, et de lui porter les deniers de la recette des tailles, impôts et subsides, etc. etc.

Le 12 mars suivant, le comte de Matignon donna commission à Michel de Montreuil, dit le capitaine Lachaux, d'arrêter et réprimer les courses et brigandages de ceux qui avaient surpris la ville et château de Domfront.

Le capitaine Lachaux arriva devant cette ville vers la mi-carême et la bloqua du côté des portes de Notre-Dame et de Caën ; il s'empara même des faubourgs; mais comme il n'avait pas assez de troupes, il n'osa y passer la nuit. Peu de jours après, le capitaine Guichaumont trouva le moyen de renforcer ceux qui étaient dans la place; alors Lachaux fut obligé de se retirer, ayant laissé sa compagnie sous les ordres de Coud'hard, son lieutenant; elle fut totalement défaite par la garnison de Domfront; Coud'hard fut dépouillé, attaché à un arbre et fusillé; plusieurs de ses soldats furent massacrés de sang-froid, etc. : la plume tombe de la main, et refuse d'écrire les horreurs qui se commirent alors.

L'infortuné comte de Montgomeri, que Catherine de Médicis poursuivait depuis qu'il avait blessé Henri II en 1559, fut assiégé dans Domfront le neuf mai 1574, par le comte de Matignon, à qui la reine avait donné l'ordre de le lui livrer mort ou vif.

Montgomeri, surpris de se voir enfermé dans une place mal fortifiée et même en ruine, fit faire une sortie dès le soir même, et une seconde le 12 : l'une et l'autre furent sans succès. Pendant la durée de ce siége, la journée du 23 fut la plus terrible et la plus désastreuse : quatre cents coups de canon portèrent l'incendie, la mort et la désolation dans la ville, et la ruinèrent. Montgomeri, forcé de l'abandonner, se retira dans le château, où il se défendit en homme déterminé.

Matignon fit aussitôt établir une batterie de cinq pièces de grosse artillerie, qui foudroya le château, et y fit une brêche de quarante-cinq pieds; il commanda au moins mille hommes pour monter à l'assaut : le lendemain, deux heures après midi, deux fois les assiégeants montèrent à la brêche, deux fois, vivement repoussés, ils lâchèrent pied et reculèrent; le combat fut terrible et opiniâtre, et dura cinq heures; ils sonnèreut enfin la retraite, quoique l'artillerie eût tiré ce jour-là six cents coups.

Les assiégés avaient beaucoup souffert, et se trouvaient réduits à quinze ou seize, non compris les blessés; la perte des assiégéans fut très-considérable (1): parmi les morts se trouvèrent le colonel Sainte-Colombe et plusieurs autres officiers; Bons qui, malgré une fracture au crâne, eut le courage de se traîner à la tente la plus proche, et

---

[1] Les assiégeants devinrent si nombreux, que sur la fin du siége, on comptait plus de quinze mille combattans devant cette place.

s'y demander, par signe, une plume et du papier, mourut en achevant d'écrire, de son sang, une lettre à sa maîtresse, mademoiselle de Rabodange....

Montgoméri, manquant de tout, se rendit le 26, et eut la tête tranchée à Paris.

Le Hericé dit Pissot avait été fait prisonnier, et suivait l'armée qui était repartie pour Saint-Lo; M. Pitard, dont il avait pillé la maison, courut après, l'obtint de M. de Matignon, et le ramena sur le tertre *Grisierre*, où il avait fait planter une potence dès la veille; le Héricé la voyant, s'écria: « Ha ! Domfront, ville de malheur, arrivé à midi, pendu à une heure ». Telle est, je crois, l'origine de ce dicton.

Pierre Ledin de la Challerie rendit de grands services pendant les guerres dont la ville de Domfront fut affligée; en 1578, il fit réédifier l'église Notre-Dame, pillée et brûlée par les protestans, et refoudre les cloches que Montgoméri avait fait rompre. Il fut député en 1586 vers le roi, pour lui représenter l'état déplorable dans lequel les guerres avaient réduit Domfront, et obtint la permission de prendre et lever un droit d'octroi sur les marchandises exposées en vente les jours de foires et de marchés, pour réparer et entretenir les murailles, portes, éperons, ponts et pavés de ladite ville (1)

Après la mort de François de Valois, en 1584, le domaine de Domfront fut engagé à M. le duc de Joyeuse, ensuite il passa à MM. de Donadieu, M.lle de Monpensier, à la maison d'Orléans, et à Monsieur, frère de Louis XVI; et ce, par division.

---

(1) Le 3 septembre 1612, les habitans obtinrent la prolongation de ce droit, pour faire réparer un pan de murailles de quatre-vingts toises de long, et refaire quatre tours : depuis la démolition du château, la ville était restée déclose de ce côté-là.

Jean de la Ferrière, baron de Vernie, gouverneur de Domfront, fit déclarer cette ville, malgré elle, pour la ligue; il se mit à la tête des ligueurs, et causa de grands maux dans le Passais.

Les derniers jours de décembre 1589, Henri IV, étant à Alençon, envoya Emeri de Villiers, maréchal de camp, pour sommer cette ville d'ouvrir ses portes; les habitans se trouvèrent divisés, et prirent les armes les uns contre les autres, ce qui occasionna un grand tumulte; le baron sortit du château pour soutenir les ligueurs; les patriotes qui tenaient pour Henri IV, quoique moins nombreux, chargèrent les ligueurs avec tant de vivacité, qu'un grand nombre fut tué ou blessé. Vernie y reçut une plaie mortelle; les habitans se saisirent de sa personne, et dépêchèrent vers le roi, qui leur envoya un secours de deux cents cavaliers au galop, et leur accorda une amnistie générale.

Charles de Gondi, marquis de Belle-Isle, ligueur, voulut surprendre Domfront, et fut vivement repoussé; Jean de Broon de Cosseville, gouverneur, avec une partie de la garnison et des habitans, fit une sortie pour empêcher son armée de passer le pont d'*Egrenne*, où l'on avait établi un corps de garde; Broon n'avait pas fait un quart de lieue, qu'il fut assailli par les coureurs de l'armée de Belle-Isle, qui lui tuèrent le fils de Rosai, son lieutenant et plusieurs soldats; René Ledin, que les habitans avaient élu pour un de leurs capitaines, courut à son secours avec le capitaine la Forge, et cinquante arquebusiers; ils le dégagèrent et lui procurèrent sa retraite.

En 1592 le capitaine Blanchetière profita de l'obscurrité de la nuit pour s'emparer du château, il était avec sa troupe dans les fausses brayes, pour l'escalader, lorsque la sentinelle s'en apperçut, aussitôt elle donna l'alarme, la garnison et les habitans se portèrent sur le rempart, et le forcèrent de se retirer.

Après la mort de Henri IV, quelques factieux voulurent surprendre la ville, François Barré, sieur de Jumilly, capitaine et lieutenant-général au bailliage, parvint à les chasser, et veilla si exactement, qu'il prévint plusieurs projets contre cette place.

Antoine Monchrétien de Wattewille suscita des troubles dans le pays, et fut tué aux *Tourailles*; son corps fut transporté à Domfront et condamné à avoir les membres rompus, jettés au feu et réduits en cendres, ce qui fut exécuté sur la *Bruyère*, le 12 octobre 1621, à trois heures après-midi.

Sur la fin de l'été de 1632, la ville de Domfront fut infectée de maladies contagieuses, qui forcèrent les habitans de la quitter.

Joachim de Quincé, gouverneur de Domfront, maréchal-des-camps et armées du roi, fut ambassadeur extraordinaire à Vienne en 1629. Ferdinand II, empereur d'Allemagne, l'honora du titre de comte du Saint-Empire pour

lui

lui et ses descendans. M. de Quincé, étant à l'armée d'Italie, en 1648 obtint du Pape Innocent X, les reliques de S.-Julien, martyr, qu'il donna à l'église de Domfront.

Louis de Quincé, son fils, gouverneur de Domfront, contribua beaucoup aux établissemens du collège et séminaire, de l'église Saint-Julien et de l'hôpital de cette ville.

En 1691, il s'éleva un procès de la plus haute importance, entre les tailleurs de Domfront et les cordonniers, pour leurs rangs aux processions; après les suppliques et répliques, dits et contredits des parties, le tribunal ayant murement délibéré, rendit une sentence qui conserva aux tailleurs la prééminence sur les enfans de Saint-Crépin.

Les halles qui étaient sur la place, furent incendiées en 1725, et reconstruites dans le lieu où elles sont.

Par lettre de cachet du 22 mars 1730, Nicolas Desquinemarre, prieur, curé de Bully, diocèse de Rouen, impliqué

3

dans un procès de sorciers et de maléficiers, fut exilé à Domfront, pendant trois ans; soixante de ses paroissiens étaient possédés des diables Beelphegor et Belzébut, suivant l'attestation de Daniel, médecin à Neuf-Châtel.

En 1738, il exista une disette qui affligea le pays pendant plusieurs années. M. le duc d'Orléans accorda des secours considérables en blé et en riz, il fit distribuer du pain aux pauvres, dans les paroisses où il avait des biens. Ceux de Domfront en reçurent douze cent quarante livres par semaine, pendant plusieurs mois. En 1772, il accorda, dans une épidémie, des secours en viande.

En 1739, le gouvernement forma à Domfront un magasin de blé noir, dont une partie fut distribuée aux cultivateurs peu aisés, Normands et Manceaux, qui avaient souffert de la grêle du 25 juin même année.

En 1789, il y a eu à Domfront une assemblée de tout le bailliage pour la convocation des Etats-Généraux, et en 1792, l'assemblée électorale du Département y a nommé les députés pour la Convention nationale.

---

*Etat civil et politique de Domfront.*

Il y avait à Domfront, avant la révolution :

Un bailliage de quarante-trois paroisses et de quarante-six mille ames de population ; un siége d'élection démembré de celui d'Alençon, en 1572 ; à ce siége avait été réuni celui des traites foraines et du Carbouillon ; une maitrise des eaux et forêts, d'où la gruerie de Falaise ressortissait (1) ; il y avait

---

(1) Une partie du faubourg *Vaucelles* de Caën en dépendait ; et aujourd'hui Domfront, chef-lieu d'une inspection, dépend de la conservation de Caën.

dans cette maîtrise dix forêts, contenant 17,025 arpens de bois. Une officialité pour toutes les paroisses du diocèse du Mans, au nombre de plus de quatre-vingts, sous différents bailliages. Un hôtel de ville. Une direction d'aides. Une revente de sel. Une recette particulière des finances. Un gouvernement et des officiers-municipaux. Une juridiction des maréchaux de France, etc., etc. Il y avait un marché le samedi et dix foires.

Le marché est maintenu au samedi, et les foires, au nombre de onze, sont le deuxième lundi de janvier, le premier lundi de carême, le lundi saint, troisième lundi après Quasimodo, le lundi d'après l'Ascension, le lundi d'après la Saint-Jean, le premier lundi d'août, le lundi d'après l'*Aujuine*, le premier lundi d'octobre, le lundi d'après la Toussaint et le deuxième lundi de décembre.

Les principales branches de commerce du pays sont les bestiaux, les grains, les potteries de terres, les rubanneries de fil, les grosses toilles et les fers, fabriqués par plusieurs grosses forges des environs de Domfront.

Le pays des environs de Domfront, est coupé de forêts, montagnes, (1) bruyères, marais et rivières : le sol est généralement maigre et pesant, divisé et séparé par une infinité de haies et fossés couverts de bois, plantés d'arbres fruitiers, poiriers et pommiers, pour la boisson des habitans. Le terrein produit naturellement le jonc marin, le genêt, la ronce, l'épine noire, etc., etc.; et, comme l'a dit très-savamment l'auteur de *la Pierre Philosophale* [2], en par-

---

[1] Au midi de Domfront, est le Mont-Margantin, renommé par ses perdrix ; à l'occident, est le tertre *Grisière* ou Sainte-Anne, où était un hermitage fondé en 1623 par Thomas le Chevalier, marchand sellier à Domfront ; sans hermite depuis 1742.

(2) Pierre Philosophale ou projet

lant d'impôts : il ne serait pas juste d'assimiler les habitans des rochers et des bruyères de Domfront à ceux des gras pâturages du pays d'Auge et du Cotentin.

Présentement Domfront est le chef-lieu du premier arrondissement de la préfecture de l'Orne, composé de cent communes et de plus de cent mille ames de population, et d'un tribunal de première instance.

---

### *Etablissemens Religieux.*

Le 30 décembre 1705, une tempête violente renversa le clocher de l'église

---

d'un plan d'administration, convenable à la France et à tout état monarchique, aristocratique, démocratique ou républicain, par M. G. F. Saint-Martin, docteur médecin, de l'académie des sciences de Caën, et autres compagnies savantes.

Saint-Julien (1). Sa Majesté donna 730 livres pour le faire reconstruire, et aider à augmenter cette église, trop petite pour contenir les habitans.

Denis Brard-Dugassis, curé et official de Domfront, forma le projet d'en faire construire une nouvelle; il était prêt à la commencer, lorsque la mort l'enleva en 1713. Ses héritiers s'emparèrent des matériaux destinés à cet édifice, ce qui leur occasionna un procès qui dura très-long-temps avec la ville. En 1742, Charles le Tourneur de la Vannerie mit le projet de son anti-prédécesseur à exécution, secouru par les ames pieuses, aidé par la ville, qui fut imposée à dix mille livres, par arrêt du conseil du 4 octobre 1746, il parvint à faire reconstruire cette église. les connaisseurs estiment le tableau du fond du

---

(1) Cent ans après, le 11 janvier 1806, le tonnère est tombé sur le clocher de l'église Saint-Julien, et y a fait beaucoup de ravages.

chœur, qui est une descente de croix.

La vaste église de Notre-Dame-sur-l'Eau (1), bâtie par Guillaume de Belléme, n'a de remarquable que quatre à cinq tombeaux de la maison de la Châllerie et de M. Coupel de l'Epinay, vicomte de Domfront ; ils sont en marbre et en tuf : les épitaphes sont en lettres de plomb incrustées dedans.

L'ancienne aumônerie ou hôpital S.-Antoine, paraît avoir été fondée par les habitants : Rainaud, comte de Boulogne, seigneur de Domfront, y régla l'ordre du service divin, par une chartre en 1206. Les guerres obligèrent de le transférer dans l'intérieur du château, où il n'en existe plus aucunes traces : le

[1] Au mois de mars 1749, on trouva dans la chapelle, dite des douze Apôtres de cette église, un trésor que les anglais y avaient déposés, lorsqu'en 1450 ils abandonnèrent le pays ; on se servit de bœufs et de chevaux pour l'arracher de la terre.

prêtre qui le desservait prenait le titre de chapelain et orateur du duc d'Alençon.

En 1624, les habitants de Domfront donnèrent à Philippe Dubocq, et à Siméon Maurice, religieux, venus d'Argenteuil, le prieuré et l'hôpital de S.t-Antoine, à charge d'y instruire la jeunesse. Le 10 janvier 1627, ils remirent cette maison aux habitans qui la donnèrent aux bénédictines qui s'y sont établies en 1630, sous la conduite de madame Dubois.

L'hôpital général établi au mois d'avril 1684 a été transféré en 1754 à Notre-Dame-sur-l'Eau, où l'on a construit de nouveaux bâtimens : la chapelle de cet hôpital a été fondée de quatre mille liv. ordonnée par arrêt du parlement de Rouen, du 2 août 1691, en réparation de l'assassinat commis en la personne de *Jacques de Serans*, sieur de la Ruaudière, administrateur de cet hôpital en 1686.

Le 27 avril 1683, Siméon Rémond, et François Bellet, prêtres de l'église de Saint-Front, fondèrent une mission pour être prêchée dans le doyenné de Passais, par six prêtres, sous la direction de M.r P. Bidois, et y affectèrent trois cent livres de rente; ces missionnaires firent bâtir une chapelle et une maison qui fait partie de celle du ci-devant séminaire.

P. Bidois supérieur des missions, Jean Courteille, prieur de Saint-Front, et Louis de Quincé, gouverneur de Domfront, fondèrent le 20 mai 1689, le collège dit de la Bruyère, pour trois régents, qui enseigneraient chacun deux classes. Le dix janvier 1708, des personnes de piété donnèrent 13000 livres pour aider à l'établissement d'un séminaire, où l'on donnerait aux écoliers des leçons de philosophie et de théologie; Louis de la Vergne, évêque du Mans, loua et approuva la donation ainsi que l'établissement dudit séminaire. Le deux février 1719, P. Rogier du Crevi, son successeur, donna un nouveau consentement pour obtenir des lettres-patentes; elles furent obtenues la même année, enregistrées au parlement en 1720, et à la chambre des comptes en 1723; ce collège (1) et séminaire furent d'abord administrés par M.rs Denis Martin (2), Jean Gaignard, et Jean de Saint-Ellier, prêtres associés, sous la direction de l'évêque du Mans, jusqu'en 1727, où, de l'agrément de l'évêque, ils se don-

---

[1] Le collège de Domfront causa la ruine de celui de Ceaucé, fondé en 1657 par Jean Pottier, sieur de Lozé, en Saint-Front, docteur de Sorbonne et théologal de Saint-Malo; il y a eu 400 écoliers à ce collège, et une bibliothèque précieuse: on a vu 800 étudians au collège de Domfront.

[2] D.s Martin, consommé par ses longs travaux et son grand âge, mourut au séminaire de Domfront en 1750, âgé de 89 ans; il est auteur de cinq volumes de sermons, avec des méditations pour les retraites ecclésiastiques.

nèrent, eux et leur séminaire, à la congrégation des Eudistes, qui abandonnèrent cette maison le 10 avril 1791. Le collège à été rétabli dans la maison des Bénédictines, et érigé en école secondaire, par arrêté du Gouvernement du 5.eme jour complementaire an onze, par les soins de M. Ruaut, fils, maire.

---

## SAVANS.

ACHARD Guillaume, de Domfront, étudia en Angleterre, et fut la gloire du clergé de ce royaume ; de retour en France il fut chanoine régulier de Saint-Augustin, deuxième abbé de Saint-Victor, à Paris, évêque de Séez en 1155, et d'Avranches en 1161. Henri II avait pour lui une estime singulière ; Achard est auteur d'un traité de la Sainte-Trinité, de l'histoire de la vie de Saint-Gezelin, de la tentation du Seigneur dans le désert, et d'un traité sur l'abnégation de soi-même ; il mourut en odeur de sainteté le 29 mars 1172, et fut enterré dans l'église de l'abbaye de la Luzerne, près Avranches, voici son épitaphe :

« Hic jacet Achardus episcopus, cujus
« Charitate ditata est paupertas nostra.

BERRIER Louis, fils du greffier des eaux et forêts de Domfront, homme d'esprit et intrigant, trouva le secret de faire une grande fortune, parvenu à la place de secrétaire du conseil, il fut chargé de différentes commissions importantes, conjointement avec MM. *Daligre*, *Machaux* et *Colbert*, conseillers d'état, dans l'affaire du surintendant *Fouquet*.

BONNET Guillaume, né à la Baroche, doyen du Passais, trésorier d'Angers en 1290, évêque de Bayeux en 1306, a fondé en 1308 le collège de Bayeux, à Paris, pour douze écoliers, dont six de l'évêché du Mans, à la nomination de l'évêque et de l'archidiacre du Passais, et six de l'évêché d'Angers, à la nomination de l'évêque et du trésorier. Bonnet se distingua par la grandeur de son esprit ; Philippe-le-Bel s'en servit en 1307, pour obliger le comte de Hainaut à lui rendre hommage. Clément V le choisit pour assister au procès des Templiers. Il mourut à Angers le trois avril 1312.

COURTE-CUISSE ( Jean ), docteur de sorbonne, aussi éloquent que grand théologien. L'université de Paris le députa avec d'autres docteurs, en 1395, vers le pape Benoît XIII, et Boniface IX, qui se disputaient la tiarre, pour les engager à y renoncer; elle le députa vers l'université d'Oxford, en Angleterre, pour l'engager à concourir à l'union de l'église ; Charles VI le fit son premier aumônier, et l'éleva, en 1420, à l'évêché de Paris ; mais ce prélat n'ayant pas voulu se soumettre à Henri V, devenu maître de Paris, se retira à Genève, dont il fut évêque en 1422, et y mourut en 1426. Pendant qu'il professa la théologie à Paris, on le surnomma *le sublime*. Les ouvrages de Courte-Cuisse, sont : un traité de la foi de l'église et du souverain pontife ; une traduction en Français du livre de Sénéque sur les vertus, qu'il dédia à son protecteur Jean, duc de Berry ; il a laissé en manuscrit, un traité de la puissance de l'église et du concile, des questions théologiques, et des leçons sur plusieurs endroits de l'écriture.

Langlois ( Grégoire ), chantre et chanoine de l'église du Mans, official en la cour métropolitaine de Rouen, évêque de Séez en 1379, assista à l'assemblée de Paris en 1395, où Charles VI convoqua les prélats et les plus doctes des universités, pour terminer le schisme qui était dans l'église, par l'entêtement des papes Benoît XIII et Boniface IX. Grégoire Langlois assista au concile de Constance en 1414. Il fonda en 1427, le collège de Séez à Paris, pour huit boursiers de l'évêché de Séez et du doyenné de Passais ; celui de Bueuil à Angers, pour les étudians normands et manceaux ; et à la Baroche, lieu de sa naissance, la chapelle Saint-Julien avec un chapelain perpétuel. Ce grand homme aima les lettres, prisa les gens doctes, et se rendit recommandable par sa sagesse et sa profonde érudition, il fut enterré dans l'église de S.t-André en Gouffern, près Falaise, sous une tombe de cuivre, sur laquelle on lisait l'inscription suivante :

« Vivat in Xpo tumulo tumulatus in isto,
« G. Cenomanensis ortu Rotomagensis
« Jura tribunalis rexit probus officialis
« Annis protensis reliquis præsul sagiensis.

Le Rees (François), natif de Domfront, philosophe célèbre dans son tems, professa avec honneur et réputation la théologie au collège de la Marche à Paris ; il fut membre de l'académie française, et passa pour l'aigle de cette société. Nous avons de lui une philosophie, trois volumes in-8.º, dans le genre d'Aristote, très-claire, très-lumineuses, et bien approfondie, son stile est d'un beau latin, clair et fort intelligible ; la prémière édition est de 1642, la quatrième de 1660, etc. Jacques Médic, professeur d'éloquence grecque et latine, lui a fait cette épitaphe :

« Franciscus le Rees jacet hic athleta sophorum
« Fallor ego ! à Sophiâ raptus ad astra fuit.

Le Royer [Etienne] de la Tournerie né à Mantilly le vingt janvier 1730, avocat, procureur du roi au bailliage de Domfront, aujourd'hui juge au tribunal du même lieu, a donné au public un traité des fiefs en 1763, un commentaire sur la coutume de Normandie en 1784, le manuel des jeunes républicains en 1793, et une histoire de la ville de Domfront, en 1806.

PACORI ( Ambroise ), diacre, natif de Ceaucé, et principal du collège du même lieu, mort à Paris en 1730, est auteur d'un grand nombre de livres de piété, nous lui sommes redevables des journées chrétiennes et des pensées chretiennes.

PITARD de BOIS-PITARD ( François) né à Domfront le trois septembre 1533, nous a laissé un journal curieux sur la prise de cette ville par les protestans en 1574.

POUCHARD [ Julien ], né en 1656, près la ville de Domfront, fit ses premières études au Mans, et entra ensuite au collège de Lisieux à Paris, où il se perfectionna dans l'étude de l'hebreu, du grec, du latin, de la philosophie et de la théologie. En 1701, il fut associé à l'académie des inscriptions et belles-lettres ; les discours qu'il y prononça sur l'antiquité des égyptiens et sur les libéralités du peuple romain, ont mérités l'applaudissement public, et fait honneur à l'académie; il eut long-tems la direction du journal des savans. En 1704 la chaire de professeur royal, en langue grecque, étant venue à vaquer, le roi l'y nomma, comme l'un des sujets le plus capable de remplir cette place; il mourut le douze décembre de l'année suivante, et laissa en manuscrit l'histoire universelle, depuis la création du monde jusqu'à Cléopâtre, le style en est simple, pur et précis.

Raoul de Domfront, patriarche d'Antioche en 1139, était guerrier, magnifique et libéral, ses richesses le rendirent si insolent, qu'il ne comptait pas les autres pour des hommes, il s'attira la haîne publique, et fut cité au Saint-Siège, avec lequel il voulut rivaliser, il se réconcilia avec le pape, et mourut empoisonné en 1142.

Roussel (H. F. A.), né à Saint-

Bômer, docteur médecin, professeur de chimie et de physique expérimentale à Caen, a donné au public; 1.° *Dissertatio de herpetum variis speciebus causis*, etc. 1773; 2.° Reflexion sur la nutrition des corps organiques, 1776; 3.° Tableau des maladies épidémiques qui ont règné en France depuis plusieurs siècles, 1776; 4.° Dissertation sur la nature du gaz inflammable, 1778; 5.° Observation sur l'épidémie d'Amfréville, 1779; 6.° Observation sur la dyssenterie, 1779; 7.° Dissertation sur le scorbut, couronnée par l'académie royale de médecine de Paris, 1781; 8.° Recherches sur la petite vérole, 1781; 9.° Tableau des plantes usuelles, 1792; 10.° Flore du Calvados; 11.° Eléments de chimie et de physique expérimentale; 12.° Observation sur la nature de l'atrabile, 1800.

Roussel [ J. H. ] né au même lieu, et parent du précédent, professeur en droit à l'université de Caën, membre de l'académie de Mantoue, auteur d'une dissertation sur les crimes et les moyens de les détruire, remporta le prix à cette académie en 1773, et fut imprimé en italien et en hollandais, avec trois autres dissertations du même auteur, sur quelques questions proposées par l'impératrice de Russie, concernant les lois criminelles; 3.° Institution au droit de Normandie, 1782; 4.° Plan de législation criminelle, 1788. M. Roussel est mort au mois de décembre 1801, à sa terre de la Berardière, en S.-Bômer, et a laissé en manuscrit, 1.° Institution générale au droit français, et en particulier au droit de Normandie; 2.° Traduction du traité de la vieillesse de Ciceron; 3.° Traduction ou imitation des épigrammes de Jean Owen, poëte anglais, et plusieurs dissertations lues à l'académie de Caën, sur différents sujets.

ROBERT de Domfront, grand doyen du Mans en 1258, nous a laissé plusieurs ouvrages; c'était un homme docte, pieux et charitable.

Tassin ( Dom Prosper ) né à la Baroche le 19 novembre 1697, entra dans la congrégation de Saint-Maur en 1718, et s'y distingua par sa science et sa piété. Nous avons de lui 1.° Dissertation d'hymnologie; 2.° Défense des titres et des droits de l'abbaye de Saint-Oüen, 1734; 3.° *Ang.... Maria quirino epistolæ*, 1744; 4.° Histoire de Saint-Vandrille; 5.° Notice des manuscrits de la bibliothèque de l'église de Rouen par l'abbé Saas, revue et corrigée, 1747; 6.° Le traité de la nouvelle diplomatique (1) en six volumes in-4.°, qu'il présenta au roi; cet ouvrage fut accueilli par toutes les nations de l'Europe avec un applaudissement universel, et donna la plus haute idée de la

---

(1) Dom Ch. F.s Toutain, natif du Repas près Briouse, coopéra à la rédaction des deux premiers volumes, mais étant mort, Dom Tassin continua seul l'ouvrage.

capacité de l'auteur : il fut consulté de toutes parts, même des ministres sur des objets de ce genre de littérature, et sur des actes qui souffraient de la difficulté; 7.° L'histoire littéraire de la congrégation de Saint-Maur, 1770, traduite en allemand, 1774. Ce savant est mort aux Blancs-Manteaux à Paris, le dix septembre 1777, généralement regretté de tous ceux qui avaient eu l'avantage de le connaître.

Thebault de Champassais, donna en 1766, un mémoire historique sur la ville et domaine de Domfront.

On pourrait ajouter à cette notice, le docteur Jean Petit, orateur du duc de Bourgogne, mort en 1411, et le savant mathématicien de Margrit, mort de ses blessures à la prise de la Grenade, en 1779.

# NOTES

## SUR L'ARRONDISSEMENT

# DE DOMFRONT.

Ce canton, connu sous le nom de Passais, s'appelait originairement Pissais, et tire son nom du ruisseau de Pisse qui y prend sa source, et passe dans le bourg de Passais. J'ai vu de très-anciens titres qui faisaient mention de Damfront en Pissais.

Saint-Front construisit un oratoire au pied de notre rocher, et à l'entrée de la forêt d'Andaine ; par la suite on y a bâti une église qui est celle de la commune de Saint-Front, dont un faubourg de la ville dépend, on ne sait depuis quelle époque. Samson Thibault, marguillier des églises de Domfront en 1516

1516, rend compte du revenu de la chapelle et du cimetière de M. *Saint-Vincent*; cette chapelle, très-éloignée de la ville et située sur la commune de Saint-Front, dépendait alors de Domfront.

SI on ajoute foi à un vieux parchemin de l'an 868, sans sceau ni signature, *Saint-Bômer fut martyrisé par jugement de Rioul de la Ferrière, Flambart de Monchauvel, et Weinffeit de la Filochère.* Saint-Bômer fit plusieurs miracles à Domfront.

En 559, le roi Clotaire I.er passa à Ceaucé, et eut une conférence avec Saint-Ernier.

N.o 1. Saint-Vital mourut le 16 septembre 1122 dans le prieuré de Dompierre en Mantilly, que Henri premier lui avait donné en 1119; son corps fut enterré dans l'église de l'abbaye de Savigni qu'il avait fondée.

N.o 2. L'hermite Guillaume Firmat s'établit dans la forêt de Mantilly, et y mourut le 24 avril 1143. Les habitans de Mayenne et Domfront y vinrent pour enlever le corps du saint hermite ; mais ceux de Mortain les ayant prévenus, ils lui donnèrent la sépulture dans leur église de Saint-Evrou : Saint-Guillaume fut canonisé en 1155.

N.° 3. Henri II, roi d'Angleterre, donna aux religieux du Plessis-Grimoult, l'hermitage d'Yvrande, avec un revenu assez considérable pour y faire bâtir une maison, et y entretenir sept religieux; cette communauté n'existe plus depuis 200 ans.

N.° 4. Au mois d'octobre 1533, le feu prit la nuit à l'abbaye de Lonlay, elle fut réduite en cendres, et les cloches furent fondues.

En 1562, celle de Cerisy-Belle-Etoile fut pillée et ruinée par le capitaine Saint-Sauveur, et dévastée par le baron de Larchamp en 1589.

N.° 5. En 1608, on trouva dans une pièce de terre à Tinchebray, plusieurs pièces de monnaie d'argent et de cuivre des Empereurs Auguste, de Luna, sa femme, de Néron, de Vespasien, de Constantin et autres.

N.° 6. En 1639 les habitans de Mantilly, prirent les armes, commirent plusieurs brigandages, et refusèrent de payer aucuns deniers à l'Etat; la cour y envoya de la troupe pour les réduire, et chargea M. Thiersault, intendant d'Alençon, d'instruire le procès des coupables; plusieurs furent punis, etc. etc.

N.° 7. En 1709 ou 1710, une troupe de contrebandiers, poursuivis par des employés, se retirèrent dans le château de la Motte en Saint-Marc, et se rendirent par composition, après trois jours de siège.

N.° 8. Le 17 octobre 1757, le célèbre physicien et naturaliste Réaumur, connu de toute l'Europe par son thermomètre, mourut au châtesu de la Bermondière, près Couterne.

N.° 9. En 1776, M.lle ..... de ..., près Domfront, connue sous le nom de Germancé, fit l'admiration de tout Paris par sa grande beauté. (*Espion anglais*, tom. II.).

N.° 10. Le 6 août 1786, la piété filiale de Jeanne Closier fut couronnée à Passais, et récompensée par M. de Chartres, M. et Mademoiselle de Montpensier, par les soins de M. Achard de Bonvouloir, député à l'assemblée constituante en 1789.

Au mois de juillet 1797, N... Turpin, de la commune de Champcégré, trouva dans la forêt d'Andaine, quatre à cinq mille sous marqués de François I.er

---

On peut ajouter à tous les désastres que les guerres continuelles ont occasionné dans le pays, ceux qui résultèrent de la guerre qu'eut à soutenir dans le Passais, vers l'an 968, Richard premier, troisième duc de Normandie, contre Thibault, comte de Blois, et le comte d'Anjou; ceux de la guerre ouverte de Guillaume II de Talvas, et Geoffroi deuxième, comte de Mayenne, pour les limites de leurs seigneuries : de la famine en 1140 : de la guerre sanglante que fit Juhel III de Mayenne au seigneur de la Ferté-Macé, attaché au parti de Jean-sans-Terre : des courses et pillages d'une troupe de paysans connus sous le nom de *Lipans*, aux environs de Domfront, sous Henri IV : de l'épidémie qui régna sur les bestiaux en 1746, et de bien d'autres événemens dont l'histoire ne nous a également donné aucuns détails.

Le soussigné, qui a recueilli, transcrit et rédigé cet Essai, désirant qu'il soit porté à sa perfection, prie tous ceux qui auraient quelques ouvrages imprimés ou manuscrits, titres, ou autres pièces en forme, qui pourraient servir à l'histoire de la ville ou arrondissement de Domfront, de les lui communiquer, et s'engage de remettre tous les matériaux qu'il a pu réunir, aux mains de ceux qui voudraient écrire une histoire du pays.

CAILLEBOTTE, le jeune,

*Marchand à Domfront.*

FIN.

---

M. D. CCC. VII.

www.ingramcontent.com/pod-product-compliance
Ingram Content Group UK Ltd.
Pitfield, Milton Keynes, MK11 3LW, UK
UKHW021012200726
13857UKWH00004B/1403

9 782013 043007